Com sua simples pasta na mão, material que costuma carregar para todas as aulas você é o meu querido, sim meu querido professor.

Pasta essa valiosa tal que leva consigo cheia de papéis importantes com um objetivo: ensinar.

Traz consigo também sua importante caneta de anotações utilizada durante as aulas.

Uma régua também tem e faz questão de levar para caso precise medir algo e mostrar aos seus aprendizes.

Não deixa de ter também seu lápis e borracha a fim de escrever e apagar seus próprios erros e um giz.

E uma lista de presença para marcar quem está presente na aula.

Por último, tem um livro que é somente dele e por meio deste ensina aos seus alunos com aulas e tarefas.

O professor leva com ele tudo isto para ensinar, passando todo o seu conhecimento aos mais jovens.

Ele ensina como um pai de certa forma a vida. Prepara o ser iniciante para o mundo lá fora... E pretende ver bem a quem bem prepara com enorme gosto.

Pois ser professor é amar uma profissão que hoje é muito pouco valorizada pelos mais variados motivos.

Ser professor significa se entregar de corpo e alma a um tipo de trabalho com toda a dedicação do mundo.
Dar aula é aptidão apenas para alguns.

Porque não é todo mundo com este grandioso dom.

E sua responsabilidade dentro da sala de aula é notada.
Se um dia faltar um professor os que por ele são ensinados sentem falta.
É como se faltasse uma parte deles ali.

A presença de um professor torna qualquer aula mágica e de bom proveito.

Pois é de se notar que essa é a mais bela de todas as profissões.
Aliás... É o professor que torna possível todas as outras profissões.
Sem ele, os seus alunos não seriam nada de ma-

neira alguma.
Pois ensina os pequenos todo o alfabeto e números também.

Com dom de paciência ensina os pequeninos a lerem e escreverem com tamanha perfeição. Os que com ele aprendem dizem como as suas aulas são dinâmicas.
As crianças contam aos

capacidade como em qualquer outra profissão.

É por isso que sinto muito grande tristeza quando sei de lugares onde os professores são agredidos e maltratados por seus alunos ou pessoas ligadas a eles.
Pois não era para ser assim...

seus pais e mães sobre cada aula ser melhor em relação a outra.
E não importa se é professor ou professora...
Os dois acabam sendo a mesma coisa.
No ensino não existe melhor nem pior.

Tanto homem quanto mulher podem ensinar e ambos possuem igual

O professor vai na escola e chega até a sala de aula para ensinar...
E não para ser desrespeitado, zombado ou mesmo ameaçado.

Pois poucos tem paciência suficiente e se empenham em ensinar.
Se um único aluno apresenta dificuldades até o final da aula é o pro-

fessor quem se propõe a dar toda a devida atenção.

Ensinar representa passar conhecimento a quem ainda não tem.

E o profissional da educação o faz com todo o amor.
Quem nunca teve um professor como referên-

cia sua na sala de aula? Quem nunca amou tanto um professor ou professora a ponto de dizer: Esse ou essa é o meu professor ou professora preferido (a)...?

Todo mundo tem um ensinador pelo menos como exemplo próprio seu...

Tal reconhecimento é sempre muito bem recebido pelos educadores que passam horas, durante o ano inteiro dando aula.

Porque sabem bem da sua própria importância para seus aprendizes. Alguns saem de casa ainda cedo para ensinar em locais de até difícil

acesso.
Outros perdem boa parte da sua vida para dedicarem suas vidas à educação.

Fazem tudo o que podem fazer para ajudar aos seus alunos.
Em muitos casos chegam ao ponto de se envolverem nos problemas pessoais dos que rece-

bem aulas deles.
Então o professor ou professora sofre junto com o seu discípulo e chega a dar os seus valiosos conselhos de mestre.
Aqui não temos somente um mestre e sim um amigo.

Sim... Os professores são de tão amigos e chegam

a aconselhar os alunos seus.

De engraçados alguns são na profissão, fazendo os meninos rirem dele enquanto ensina em sala de aula.

Outros com um tom mais sério administram a sala de modo a fazerem ser mantida a disciplina.

E todos são igualmente importantes no desenvolvimento de quem eles querem ver bem na vida.

Porque uns formam advogados...
Outros juízes...
E tem aqueles formadores de bombeiros.
Existem também os que desenvolvem os médicos.

No final todos esses tipos de ensinadores acabam fazendo um pouco de cada um desses profissionais.

O profissional do ensino torna possível toda e qualquer profissão. Descobre talentos a cada novo dia.
Fica feliz se recebe homenagem dos que por

ele adquirem conhecimentos.
Um professor é certamente um amigo para a vida toda.

Pois até mesmo depois de formada uma pessoa que por ele foi ensinada ainda se lembrará dos seus ensinamentos de mestre.

E quando entrar numa profissão não irá se esquecer do seu mestre jamais.

Mesmo se não ver mais o seu ensinador levará consigo na memória todo o conhecimento recebido por alguém tão importante.

E se com algumas broncas de vez em quando dá a um aluno seu, ainda que não seja bem recebida é para o seu bem.

A repreensão de um educador não deve ser vista como algo pessoal. Esteja sendo certo ou não nas suas correções o gestor dos alunos sempre zelará pelo melhor por seus queridos alunos.

Pois se ele escolheu ensinar escolheu de um certo modo os que por ele são ensinados a serem participantes da sua carreira.

Por isto é fundamental dar valor a este tipo de

profissional.
Se todos os professores, sejam eles homens ou mulheres e, sem nenhuma restrição forem amados teremos uma sociedade mais justa e tolerante.
Pois quem ama cuida...

Amar significa além de respeitar e tratar com carinho, oferecer recursos para o educador trabalhar, um bom salário, ambiente com boa estrutura e limpeza adequada no ambiente onde serão ministradas as aulas.

Me refiro aqui aos órgãos responsáveis pela gestão da educação em nosso país.

E toda a sociedade, agora incluo todos os educadores, alunos e todas as famílias não podem de maneira nenhuma deixar de considerar esta categoria como importante na construção de um país mais igual, sem discriminação.

Seja a eles dada a devida atenção de honras infinitas ... ...

E sei que esta profissão além de ser a mais bonita é também a mais observada.

O que seria o mundo sem esta digníssima profissão?

Eu comparo esse ofício a uma dama de honra que não deve faltar de maneira nenhuma à sua

própria festa.
No caso do professor, a festa para ele é a sua sala de aula cheia de alunos sem nenhum deles terem faltado, dando respeito e valor ao seu mestre.

Professor, apesar de não ser escolhido é importante pois, mesmo às vezes não sendo o mais adorado pelos alunos, de tão único que é mostra eles a importância de respeitarem as diferenças.

E como todo ser humano tem as suas dores, inseguranças.
Se é desprezado pelos que por ele são discipulados, sente longa tristeza.

O ambiente preferido de um mestre é a sua sala de aula.

Pode às vezes ser até um pouco barulhenta demais e, ainda assim o gosto dele pelos seus alunos é, de tão único que pensa como a sua vida seria se não tivessem eles na sua vida.

E se a aula for um tanto tranquila, ele ainda sente do mesmo modo.
Afinal seja com festança na sala de aula ou muito silêncio o mestre das vidas dos jovens aprendizes é mestre em todas as ocasiões.

E para ele não importa se o dia está nublado ou ensolarado.

Verdadeiramente sinto uma falta dos meus professores.
Os que contribuíram para minha formação por mim sempre serão lembrados.

Sim, lembrarei de todos eles e lhes darei todos os meus aplausos com vastos elogios.

De certa forma ainda sinto saudades deles. Quão amado fui por eles e bem sabia.

Também tenho saudades das aulas por eles ministradas.

Os tempos de antigamente serão por mim sempre guardados.

Afinal, tais tempos não são tão distantes assim.

Parece ter sido ontem quando eu era garoto e assistia as aulas dos meus professores.

Hoje sou um homem adulto lembrando de todos aqueles momentos que pareciam ser mágicos.

Momentos dos quais se eu pudesse fazer voltar ao tempo neles, faria. Tudo isso somente para reviver as aulas em cada detalhe onde eu aprendia.

Minha vontade é deitar na cama da minha casa e sonhar com as aulas dos meus professores.

Você não pode jamais deixar de ser lembrado.

Sim...

Pois você é o meu mestre.
O mestre da minha vida.
O mestre da minha alma.
O mestre dos teus ensinamentos.
Nem tenho palavras para descrever o taman-

ho dos significados os quais você representa de graça para mim.

Sei bem...

Você luta as minhas lutas.
Vive minhas aflições.
E se reprova alguém, o faz com muita tristeza no coração por ver um querido aluno perder um

ano escolar.
Você é o que incentiva os seus preciosos alunos a aprenderem e entenderem as matérias as quais são também uma forma de lição de vida dada por ti.

Não sei como farei para viver a vida sem a sua presença marcante em minha vida.

Não sei o que pensar.

Mas sempre hei de me lembrar o quanto foram importantes as tuas lições para a minha vida.

Saberei viver dos seus ensinos e aplicarei eles na vida.
A cada instante viverei deles sem me arrepender tendo a certeza de

estar fazendo o certo.
Serei o seu eterno imitador.

Para sempre te levarei comigo nas minhas memórias.

Tudo o que aprendi de ti foi muito além das matérias escolares.
Aprendi a ser um cidadão de bem que respei-

ta as outras pessoas. Faço tudo parecido contigo, meu mestre.

A você todas as minhas homenagens...

Meu querido professor...

Lightning Source UK Ltd.
Milton Keynes UK
UKHW020809290920
370727UK00010B/356